SUR LA NÉCESSITÉ

D'ABROGER LES ANCIENNES LOIS

RENDUES

CONTRE LE DUEL.

[Edouard de Sainte-Aulaire]
d'après Barbier

1847.

Chez **LHUILLIER**, libraire éditeur, rue Serpente, n°. 7.

SUR LA NÉCESSITÉ

D'ABROGER LES ANCIENNES LOIS

RENDUES

CONTRE LE DUEL,

A L'OCCASION DE CELUI QUI A EU LIEU

ENTRE MM. DUFAY ET SAINT-MORYS.

PAR L'AUTEUR DU CRI DE L'ARMÉE.

PARIS.

DE L'IMPRIMERIE DE RENAUDIERE,
Marché-Neuf, N°. 48.

1818.

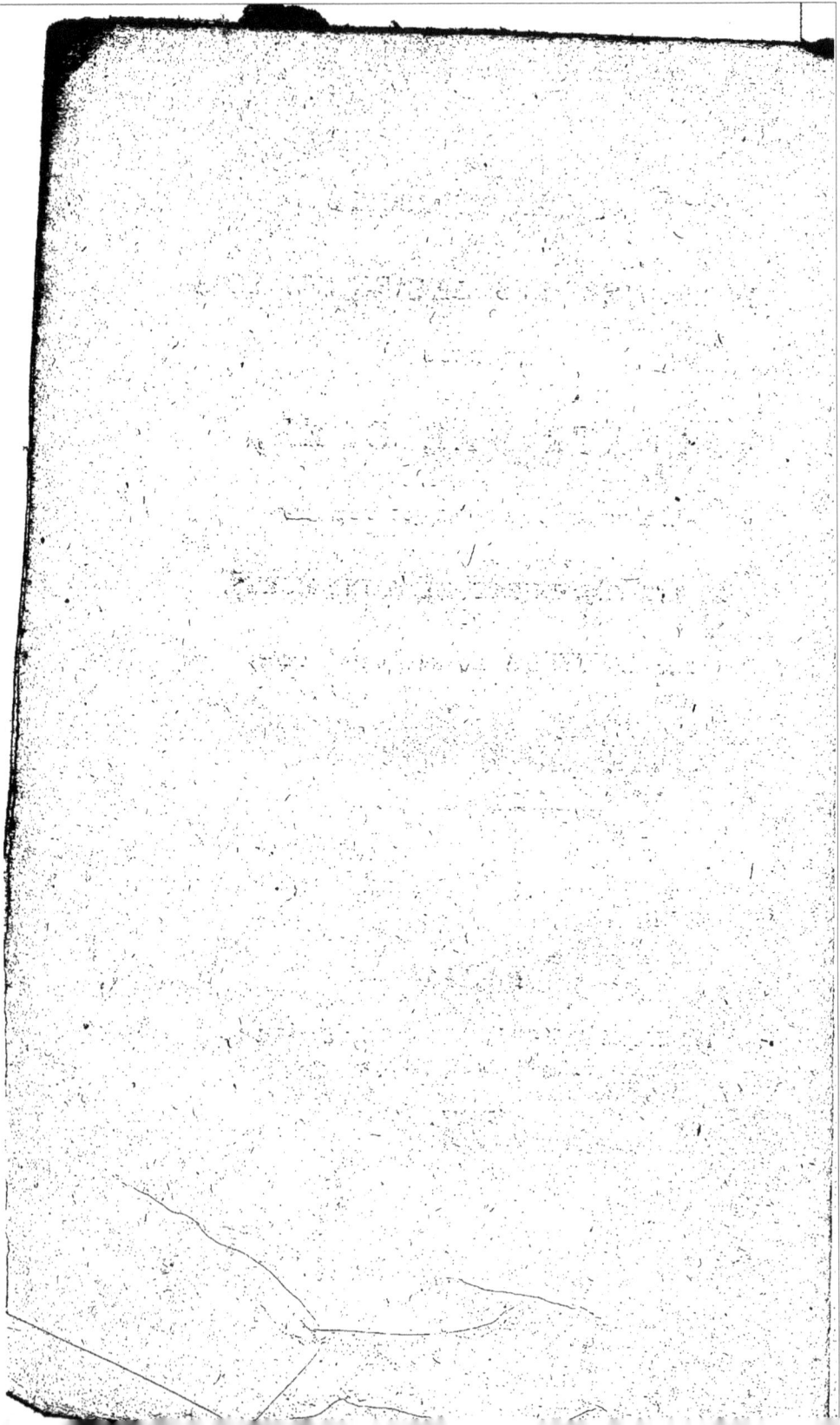

PRÉFACE.

~~~~~~

Le duel qui eut lieu le 21 juillet dernier, entre MM. *Dufay* et *Saint - Morys* , a fait presqu'autant de bruit en France que celui de Jarnac et de la Châtaigneraie , sous Henri II.

La révolution, qui a amené un aussi heureux changement dans notre législation , et qui l'a, pour ainsi dire, établie , n'en a amené aucun dans les lois qui avaient été rendues contre le duel.

Depuis plus de trente ans ces lois étaient tellement en désuétude , que les jurisconsultes seuls pouvaient savoir si elles existaient encore , puisqu'on n'attaquait plus en justice ceux qui ne les observaient pas.

M. le colonel Dufay étant poursuivi par la veuve du général Saint-Morys, pour un malheur qui peut arriver à tout le monde, et qui intéresse tous les membres de la société, j'ai cru devoir offrir au Public, et principalement à MM. les Députés, un exposé rapide de ces lois, où j'essaie de démontrer leur inconvénient et leur insuffisance.

Elles n'ont pas été abrogées, et pourtant plusieurs articles ont été supprimés, les uns par l'effet des circonstances, et les autres se trouvent actuellement en contravention formelle avec la charte.

Il est néanmoins indispensable qu'une décision des Chambres nous apprenne à quoi nous devons nous en tenir à cet égard, puisqu'on ne peut obéir aux lois qu'autant qu'on les connaît, et qu'elles reçoivent leur pleine et entière exécution.

Sachant parfaitement que le sujet que j'ai

entrepris de traiter est au-dessus de mon âge et de mes forces, je n'ai donné que des idées générales, pour lesquelles je réclame d'avance l'indulgence de mes lecteurs, et que je laisse à développer aux jurisconsultes, qu'elles regardent plus particulièrement.

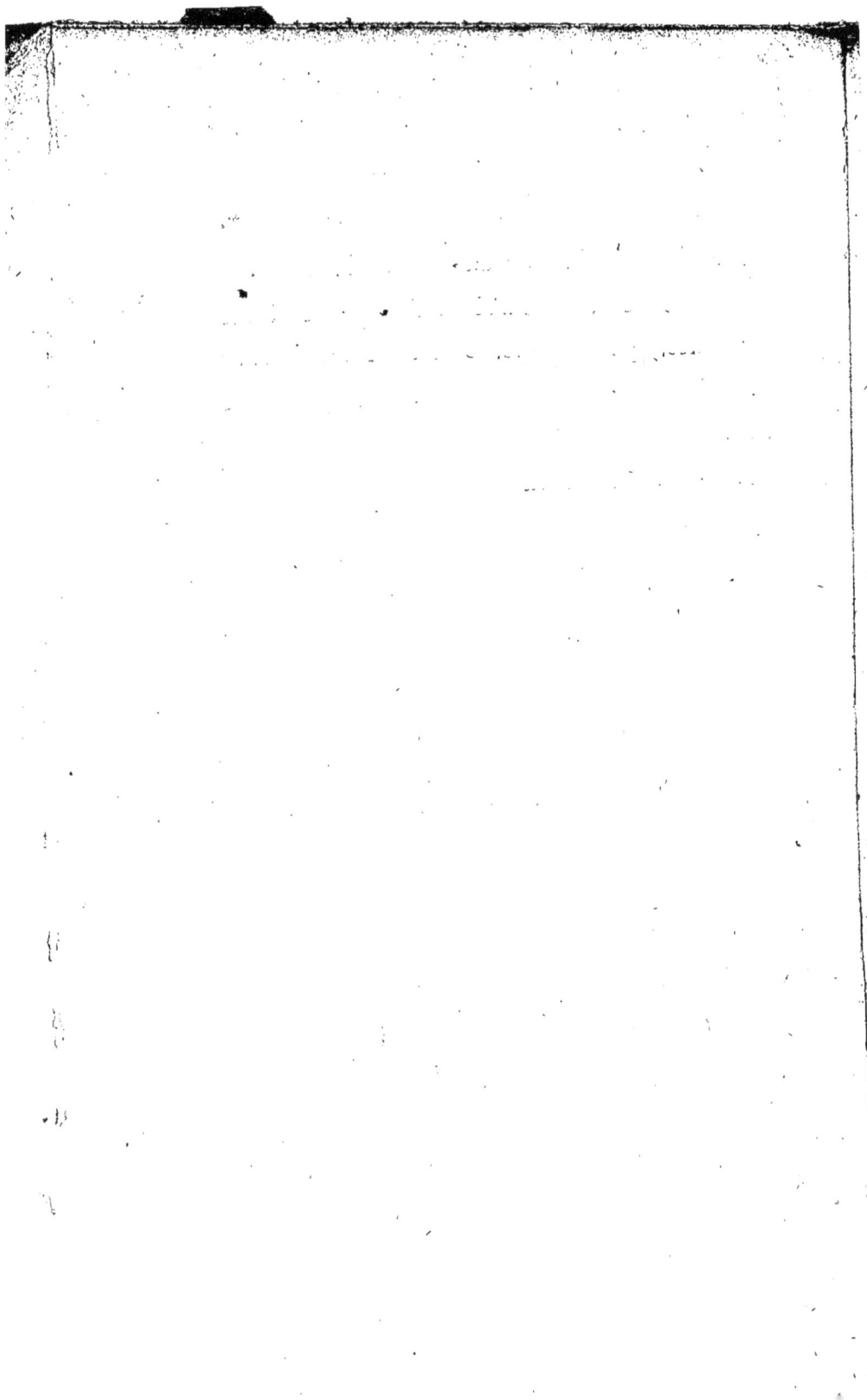

SUR LA NÉCESSITÉ

D'ABROGER LES ANCIENNES LOIS

RENDUES

CONTRE LE DUEL,

A l'occasion de celui qui a eu lieu entre MM. DUFAY et SAINT-MORYS.

TOUTES les fois qu'un gouvernement a voulu établir des lois contre les mœurs, les usages ou les préjugés d'une nation, il n'a jamais été en son pouvoir de les faire observer.

Au nombre de ces lois, nous pouvons placer celles rendues contre le duel, et il est très-facile de se convaincre que plus ces lois ont été sévères, plus elles ont été en vigueur, et plus les duels sont devenus fréquens.

1

Cette manière de se faire justice soi-même d'une injure ou d'une offense quelconque, nous vient, à ce que prétendent quelques auteurs, des barbares du Nord. Elle devint une des lois de la chevalerie; et il est assez singulier que ce soit le seul usage qui nous en soit resté.

Le premier de nos Rois qui voulut la détruire, fut Louis VII, dans une ordonnance de 1168. Saint-Louis et Philippe-le-Bel, en 1303, firent aussi d'inutiles efforts; Henri IV et Louis XIII ne réussirent pas mieux, et ce n'est que sous Louis XIV que les ordonnances contre le duel ont eu leur entière exécution.

On voit par son édit du mois d'août 1679, enregistré au parlement le 1er. septembre, combien il avait le désir d'éteindre dans ses états une pareille coutume. Il le fit observer dans toute sa rigueur; et malgré son inflexibilité et la sévérité des peines qu'on encourait, jamais les duels n'ont été si communs. Louis XV, dans un édit du mois de février 1723, ajouta quelques articles à celui de 1679, et crut qu'en détruisant quelques fausses interprétations qu'on avait essayé de faire de certains articles de cette loi, il pourrait parvenir au but que ses prédécesseurs avaient vainement tenté d'atteindre; mais il échoua comme eux.

Il semblait, au contraire, que plus les peines qu'on infligeait devenaient fortes et terribles, plus on attachait d'importance et de courage à les braver; et, puisque nos mœurs (1) faisaient du duel un *point d'honneur*, on aurait dû s'apercevoir qu'en augmentant les dangers qu'on avait à courir, on ne pouvait qu'aiguillonner les passions de ceux qui avaient une réputation à faire ou à soutenir, et qui ne voulaient pas passer pour des lâches.

Il est assez étonnant que la révolution n'ait amené aucun changement à la rigueur de ces lois. Ni la Convention, ni le Directoire, ni Bonaparte, ne se sont occupés de cette partie de la législation. Il est vrai qu'on ne les observait pas, et que les guerres continuelles dans lesquelles nous

(1) Ce n'est point un préjugé qui nous porte à nous faire justice nous-mêmes d'une injure ou d'une offense quelconque. Tout le monde est bien convaincu que le duel est une sottise, puisque très souvent l'offensé, au désagrément qu'il éprouve d'être injurié, joint celui de se faire tuer ou blesser. Il n'est personne qui ne pense qu'on soit bien dupe d'aller exposer sa vie pour des sujets qui la plupart du temps n'en valent pas la peine.

Lorsque les Francs ont introduit le duel dans les Gaules, il était réellement un préjugé, qui par la suite des siècles s'est converti en usage, et qui maintenant fait partie de

1 *

nous trouvions, avaient considérablement diminué le nombre des duels.

La malheureuse affaire qui vient d'avoir lieu entre MM. Dufay et Saint-Morys, dont ce dernier a été victime, semble vouloir faire revivre parmi nous ces lois tombées en désuétude, puisque la veuve du général Saint-Morys poursuit en justice, avec un acharnement inconcevable, les auteurs de la mort de son époux.

Les édits de Louis XIV et de Louis XV avaient formé une cour de justice du *point d'honneur*, qui devait décider des différentes querelles survenues entre les particuliers. Les maréchaux de France, ou, dans leurs gouvernemens, les lieutenans-généraux, devaient juger, en leur absence, des différends qui auraient pu s'élever, et empêcher qu'on ne s'en rendît raison par les armes.

Lorsque Bonaparte parvint à l'empire et qu'il créa des maréchaux, il ne mit pas cette clause dans leurs attributions. Le retour du Roi n'a rien

nos mœurs. Aujourd'hui nous allons jouer notre vie, comme nous allons jouer notre argent, malgré la certitude où nous sommes que nous faisons une sottise. Ainsi, pour détruire cet usage parmi nous, il faudrait entièrement réformer nos mœurs et nous en faire adopter de nouvelles, ce qui, je crois, ne serait pas une petite affaire.

changé aux dispositions relatives aux maréchaux de France; ainsi cette prérogative s'est perdue, et c'est aux tribunaux de police correctionnelle qu'il appartient maintenant de juger de ces sortes de causes.

Les offenses que s'étaient réciproquement faites ces deux officiers étaient trop manifestes pour qu'ils n'en exigeassent pas une réparation quelconque. Aujourd'hui qu'il n'appartient plus aux maréchaux de France de décider des offenses que se font certains particuliers, on conviendra que, puisque dans les temps où cette prérogative leur appartenait, on regardait comme une lâcheté d'en déférer à leur jugement au lieu de se rendre raison par les armes; maintenant qu'elle ne leur appartient plus, il paraîtrait, à plus forte raison, bien singulier et bien ridicule, de voir deux officiers supérieurs plaider en police correctionnelle pour des injures qu'ils se sont faites mutuellement.

En effet, mettant de côté toute espèce de préjugés, et supposant que par les voies de justice on puisse mettre à l'abri son honneur et sa réputation dans une affaire aussi délicate, appartient-il à un tribunal de police correctionnelle de juger des différends survenus entre deux officiers-généraux , entre des officiers supérieurs , et même des militaires de tout grade ?....

A qui donc pouvait s'adresser le colonel Dufay pour se faire rendre raison de l'offense que lui avait faite le général Saint-Morys? Et dans l'hypothèse où il eût appartenu au tribunal de police correctionnelle de décider d'une querelle survenue entre deux officiers d'un grade aussi élevé , pouvaient - ils rendre le public témoin d'une scène aussi scandaleuse, et s'afficher d'une manière si peu honorable?

En se faisant rendre raison par les armes , le colonel Dufay n'a point désobéi aux lois, puisque malgré qu'elles aient continué à exister , elles sont devenues nulles :

1°. Par la suppression des prérogatives qu'avaient les maréchaux de France d'apaiser toute querelle , et de rendre satisfaction à l'offensé, en punissant l'agresseur ; droit que leur donnait l'art. 2 de la loi de 1679 ;

2°. Parce qu'elles ne peuvent pas se concilier avec la charte,

On ne peut donc remettre en vigueur les lois faites contre le duel qu'en rétablissant la juridiction des juges du *point d'honneur.*

Mais avant de rétablir une loi , le législateur

doit se convaincre de son utilité, et la mettre en harmonie avec la constitution.

D'après l'art. 1ᵉʳ. de la charte, tous les Français sont égaux devant la loi ;

Et l'art. 71, qui rend à la noblesse ses titres, ne lui rend pas ses priviléges.

Or l'art. 16 de la loi de 1679 établissant une très-grande différence entre la peine que doit subir un gentilhomme et celle que doit subir un roturier, est en contradiction formelle avec la charte, et par conséquent ne doit plus exister.

Une déclaration de Louis XIV du 28 octobre, enregistrée au parlement le 9 décembre 1711, ordonne la confiscation totale des biens de ceux qui sont condamnés pour crime de duel ;

Et d'après l'art. 66 de la charte, la confiscation des biens est abolie, et ne pourra jamais être rétablie.

Si, au contraire, le législateur veut en créer une nouvelle, il doit trouver les moyens de la concilier avec l'honneur, et de ne point heurter des usages et des mœurs qui ne pourraient jamais se soumettre à des actes qu'ils croiraient déshonorans : sans cette clause expresse, elle ne saurait obtenir un résultat plus heureux que l'ancienne.

L'expérience a pro uvéson inutilité(1), puisque malgré toute sa rigueur, elle n'a pu l'emporter sur la force de l'opinion publique. En condamnant à la peine de mort (comme assassin) quiconque s'est battu en duel, et faisant subir le même supplice aux témoins, qu'elle considère comme complices, c'est ajouter un meurtre juridique à celui qu'on ne peut pas taxer d'assassinat.

Lorsque deux particuliers consentent à se rendre raison, par les armes, d'une offense quelconque, si l'un d'eux est tué, l'autre ne peut pas passer pour assassin, puisque c'est à son corps défendant qu'il a commis un meurtre, d'autant plus que le premier avait autant d'avantage que lui; que la chance de danger était la même pour tous les deux, et qu'il se trouvait deux témoins qui les garantissaient également de toute surprise et de tout acte de trahison, qui constituent le véritable assassinat.

Ces deux particuliers se sont rendus au lieu

(1) Tout le monde n'a pas la philosophie du *moderne Horatius* du pont du Pecq, qui a fait comparaître en police correctionnelle quelqu'un qui lui avait donné des soufflets et lui avait craché au visage. Il a eu assez d'empire sur lui-même pour le prouver au tribunal.

assigné pour le combat; ils étaient convenus de l'heure et des armes dont ils se serviraient; c'était donc de leur plein gré et de leur propre volonté qu'ils allaient courir un danger qui menaçait l'un des deux, et dont ils avaient une parfaite connaissance.

Ainsi donc, pourquoi faire subir à l'homme qui a commis un meurtre en défendant ses jours, le même supplice qu'à un vil assassin, qui a égorgé sa victime sans moyens de défense?

Si la sévérité de la loi avait pu obtenir l'effet qu'on en attendait, on ne pourrait certainement pas blâmer sa rigueur, puisqu'on l'avait établie dans l'intérêt de la société; mais, puisqu'elle n'a pas rempli les intentions du législateur, elle ne fait qu'augmenter inutilement le nombre des victimes.

L'opinion publique sur le duel, est si forte, que même dans les temps où elle fut établie d'une manière si cruelle, et où elle jouissait de sa plus grande vigueur, les juges du point d'honneur, non-seulement ne pouvaient pas se dépouiller de cet esprit de vengeance personnelle lorsque quelqu'un vous outrage, mais encore ne pouvaient pas mettre de la modération dans leur jugement, lorsqu'il s'agissait d'une affaire un peu grave.

On en cite un exemple assez frappant.

Un officier ayant reçu un soufflet, fit comparaître devant le juge du point d'honneur, celui
qui le lui avait donné. Aussitôt qu'il eut fait sa
déclaration, le juge, saisi d'indignation, se lève,
et lui dit : « *Comment, Monsieur, vous avez*
» *reçu un soufflet, et vous ?....* » Puis se ras-
seyant: « *Vous avez bien fait, Monsieur, vous*
» *avez obéi aux lois....* »

Les princes du sang eux-mêmes ne craignirent
pas d'encourir l'indignation du Roi, et la dis-
grâce dont il avait menacé ceux qui oseraient dé-
sobéir à ses ordres.

On raconte de M. le prince de Conti, un trait
digne du sang dont il sortait.

Depuis plusieurs jours, un homme vêtu de
noir, se trouvait régulièrement dans ses appar-
temens sans parler à qui que ce soit. Le prince
l'aperçoit par une porte vitrée, et demande à
l'un de ses officiers ce qu'était ce personnage.
Comme personne ne put lui répondre, il or-
donna de s'en informer la première fois qu'il
viendrait. Le lendemain, on le prévient que cet
homme demande à lui parler en particulier ;
M. de Conti le fait entrer dans son cabinet, et
le prie de s'expliquer.

« Monseigneur, dit-il, j'avais l'honneur d'être

» capitaine dans votre régiment. Une cabale s'est
» formée contre moi; vous m'avez condamné
» sans m'entendre. Je suis gentilhomme; vous
» m'avez ôté l'honneur, je viens vous prier de
» m'ôter la vie. »

Le prince se lève, et l'invite à aller l'attendre
dans son jardin où il va lui donner la satisfaction
qu'il demande. En effet, il ne tarde pas à l'y
joindre, et met le premier l'épée à la main. Le
gentilhomme lui présente aussitôt la sienne par
la poignée, et s'écrie qu'il est assez vengé, puisque l'honneur que S. A. vient de lui faire, réta-
blit celui qu'elle lui avait ôté.

M. de Conti prit de plus amples informations
sur le compte de cet officier, et s'aperçut qu'on
l'avait trompé; il lui donna le grade de major
dans son régiment, et joignit à ce bienfait celui
de lui faire présenter ses équipages.

Je ne raconte ces deux anecdotes que pour
faire voir à quel point la force de l'opinion l'em-
portait sur la rigueur des lois, et combien il
était difficile de détruire un usage adopté par la
bizarrerie d'une nation, qui en avait fait un *point
d'honneur*.

En rétablissant pour les militaires, la juridiction des maréchaux de France, et laissant subsis-
ter l'ancien règlement d'après lequel ils jugeaient

des causes qui leur étaient soumises, il s'en suivra que dans le cas où on s'en rapporterait à leur jugement, on ne pourrait jamais avoir assez d'empire sur soi-même, pour s'y soumettre.

D'après l'art. 10 du règlement des maréchaux de France, sur les diverses satisfactions et réparations d'honneur, du 22 août 1653, confirmé par celui du 22 août 1679, il est dit :

« *Que celui qui aura donné des coups de*
» *main ou des coups de bâton à quelqu'un,*
» *sera tenu, après avoir subi quatre ans de*
» *prison, de demander pardon à l'offensé, le*
» *genou en terre, de se soumettre, en cet état,*
» *à recevoir de pareils coups; de le remercier*
» *très-humblement s'il ne les lui donne pas,*
» *comme il pourrait le faire, et de déclarer en*
» *outre, verbalement et par écrit :* « *Qu'il l'a*
» *offensé brutalement, qu'il le supplie de l'ou-*
» *blier, et que s'il était en sa place, il se con-*
» *tenterait des mêmes satisfactions* ». *Qu'on*
» *pourra obliger l'offensé de châtier l'offensant*
» *par les mêmes coups qu'il aura reçus, quand*
» *même il aurait la générosité de ne les vouloir*
» *pas donner, et cela, au cas seulement que*
» *l'offense soit jugée si atroce par les circons-*
» *tances, qu'elle mérite qu'on réduise l'offensé*
» *à cette nécessité.* »

Et d'après l'art. 11 :

« *Que lorsque les accomodemens se feront* » *en tous les cas susdits, les juges du point* » *d'honneur pourront ordonner tel nombre* » *d'amis de l'offensé, qu'il leur plaira, pour* » *voir faire les satisfactions qui seront ordon-* » *nées, et les rendre plus notoires.* »

Malgré qu'il soit aussi blâmable de donner un soufflet que déshonorant de le recevoir, on pardonne dans un moment de vivacité, où il est impossible de maîtriser ses passions, de se porter à une pareille extrémité; mais je demande quel sera le Français assez vil, assez lâche, qui pourra en aller demander excuse à genoux, et se soumettre en cette position, à être frappé devant des témoins? Quel est l'homme assez dénué de sentimens qui pourra signer l'acte de sa honte et de son déshonneur?.....

Il est beau sans doute de reconnaître ses torts, mais jamais de les reconnaître d'une manière avilissante, et de sacrifier sa réputation à celle d'autrui; qu'en pareil cas (d'après nos mœurs), de simples excuses ne peuvent pas rétablir.

L'opinion publique juge toutes nos actions; elle est imbue de mille préjugés qui, de tous temps l'ont dirigée dans ses jugemens, et auxquels on est forcé de se soumettre pour peu

qu'on tienne à mériter son estime; et, quelle
que soit la supériorité des talens ou des connais-
sances d'un homme, il ne l'obtiendra jamais, s'il
manque de courage ou s'il fait des bassesses.

Démosthènes, qui s'était déjà fait de son temps
une des plus brillantes réputations comme ora-
teur, cessa d'être estimé des Athéniens, lorsque
fuyant à la bataille de Chéronée, il demanda la
vie à un chardon auquel sa robe s'était accrochée,
et il se perdit encore davantage dans l'opinion
publique, lorsqu'il prétexta une esquinancie pour
ne point parler contre Harpalus, auquel il s'était
vendu pour une coupe d'or (1).

---

(1) Je pourrais citer mille exemples infiniment plus
modernes que celui-ci, mais j'ai deux raisons pour ne
pas le faire.

La première, parce que cette espèce de préjugé, qui
gouvernait les Athéniens, gouverne également les Français.

La seconde, parce que les personnes que je pourrais
citer, sont malheureusement trop nombreuses aujour-
d'hui; que plusieurs d'entre elles occupent des emplois
qu'elles ont su conserver pendant vingt-cinq ans, en
rampant tour-à-tour sous les différens partis qui se sont
si rapidement succédés dans le gouvernement de notre
trop malheureuse patrie, et que j'aime beaucoup mieux
laisser à la postérité le soin de juger la conduite infâme

Ainsi donc, sans adopter les préjugés du vulgaire, il faut entièrement s'y soumettre si l'on veut mériter sa confiance et son approbation; il faudrait au contraire se séparer entièrement de la société, et vivre loin du commerce des hommes, si l'on voulait les heurter et les mépriser ouvertement.

L'usage du duel n'est donc resté parmi nous qu'à cause des dangers qu'il entraîne avec lui, et du courage qu'on suppose à les braver.

Il est encore dans nos mœurs de vouloir qu'un militaire souffre moins une insulte que tout autre citoyen. La moindre preuve de lâcheté le déshonore à jamais, et en fait pour ses camarades un éternel objet de mépris.

Aussi, les duels sont-ils beaucoup plus fréquens dans l'armée par cette seule raison.

Je demande maintenant si un militaire pourra aller demander excuse à genoux, d'un soufflet qu'il aura donné?... Je demande si, dans le cas où il l'aurait reçu, il pourrait se contenter d'une pareille satisfaction?

---

de ces girouettes, l'opprobre du nom Français, que de me voir traduire en police correctionnelle; *honneur* que je suis loin d'ambitionner.

Dans le premier cas, on me permettra d'observer qu'un homme, de quelque condition qu'il puisse être, pour peu qu'il sente en lui cette dignité que lui a donné le créateur, ne peut et ne doit fléchir le genou que devant Dieu.

Les hommes sont nés libres, ils sont nés égaux; si les intérêts de la société ont voulu qu'ils s'assujétissent aux lois, et qu'ils obéissent à ceux qui les font observer, n'en sont-ils pas moins des hommes? doivent-ils ramper en esclaves, et courber une tête humiliée devant ceux qui ne tiennent leur pouvoir que des peuples qui les ont élus?.....

Sans doute, ces hommes privilégiés méritent notre respect et notre vénération. Mais, qu'ont-ils de plus que nous?... Le pouvoir que nous leur avons donné.

Ce principe, une fois admis, il ne sera pas difficile de se convaincre qu'une pareille réparation ne peut pas avoir lieu entre hommes égaux par leur rang dans la société.

Maintenant, il s'agit de savoir si l'on pourrait sauver son honneur par une pareille satisfaction.

Oui, certainement, s'il était dans nos mœurs de se contenter d'excuses, et de ne point passer pour un lâche en ne se battant pas. Si l'usage veut qu'on se batte pour des paroles offensantes, ne doit-on pas le faire pour des soufflets ou des coups de bâton, puisque c'est la plus grande injure qu'un homme puisse recevoir ?...

L'usage et nos mœurs, faisant du duel un *point d'honneur*, je me permettrai de l'admettre comme tel, puisque je parle dans leur sens.

Ainsi donc, c'est manquer à l'honneur que de demander excuse à *genoux*, d'un soufflet qu'on a donné, puisque c'est une démarche avilissante par elle-même, et qu'un homme ne doit jamais employer à l'égard d'un autre homme, quel qu'il soit.

C'est encore manquer à l'honneur que de se contenter d'excuses lorsqu'on a reçu une offense aussi outrageante, et qui couvre d'infamie.

Puisqu'on veut qu'un militaire fasse plus preuve de courage qu'un autre citoyen (qui se perdrait lui-même dans l'estime publique s'il avait reçu un soufflet sans en avoir demandé satisfaction par les armes), je demande s'il peut transiger avec l'honneur, s'il peut choisir entre la vie et la honte, la potence ou l'infamie ?...

Tout le monde sait qu'un officier qui aurait commis un acte de lâcheté, même en obéissant aux lois, ne pourrait plus rester dans un corps; le gouvernement même ne pourrait l'y mainte-

nir; ses camarades le forceraient à donner sa démission ou le chasseraient ignominieusement.

Quel est le militaire français qui consentirait à se déshonorer aux yeux de ses frères d'armes et de ses concitoyens, et qui pourrait balancer un instant entre l'infamie et une mort incertaine ?...

Les lois actuelles sur le duel ne peuvent donc qu'augmenter inutilement le nombre des victimes, puisqu'on ne pourrait les faire observer qu'en réformant nos mœurs, ce qui me paraît infiniment plus difficile que de les réformer elles-mêmes.

Après avoir prouvé que le colonel Dufay ne peut pas être jugé d'après les lois qui existent, puisque d'abord elles sont en contravention avec la charte, et qu'ensuite elles sont défectueuses par l'anéantissement de la juridiction des maréchaux de France, on me permettra quelques réflexions sur son affaire.

M. de Saint-Morys avait accepté, le 6 juin, un combat à mort dont les conditions étaient *que sur deux pistolets, un seul serait chargé par les témoins; qu'ensuite, les deux armes seraient tirées au sort ou choisies au hasard, et que les combattans tireraient l'un sur l'autre à bout portant sur l'estomac, en faisant feu simultanément.*

Le rendez-vous était fixé pour le soir du même jour, au bois de Vincennes.

M. de Saint-Morys parut se repentir d'avoir si légèrement accepté un combat de cette nature ; et, au lieu de se rendre au lieu convenu, il écrivit au colonel Dufay pour lui proposer de se battre à l'épée (1). Ce dernier, d'autant plus étonné de cette rétractation, qu'il avait été arrêté par des gendarmes, au bois de Vincennes, à l'endroit où il croyait trouver son adversaire, lui répondit qu'il tenait formellement au genre de combat accepté le matin, et qu'il n'en voulait pas d'autre.

Une seconde et une troisième propositions ayant été aussi infructueuses que la première, M. de Saint-Morys prit le parti de les soumettre au jugement de MM. les maréchaux de France, et

_____

(1) Madame de Saint-Morys, dans son Mémoire du 10 août 1817, prétend que le *chef* de son mari avait expressément défendu ce mode de combat. Je lui observe qu'un militaire, non-seulement ne demande jamais à son chef la permission de se battre en duel, mais encore ne doit lui soumettre son affaire que lorsqu'elle est entièrement terminée. D'ailleurs le chef de M. de Saint-Morys ne s'y opposait pas, puisqu'il l'avait suspendu de ses fonctions, par la seule raison qu'il ne s'était pas déjà battu.

quatre d'entre eux lui ont donné (assez légèrement, puisque cela ne les regardait pas) une ré-
ponse par écrit, qu'ils ont signée, par laquelle ils
décident que le combat auquel tenait M. Dufay
ne pouvait pas avoir lieu, et qu'on devait se
battre à l'épée.

Le 19 juillet, il adresse à M. Dufay l'avis de
MM. les maréchaux de France, et réitère près de
lui sa première proposition, que le colonel finit
par accepter, *par déférence seulement pour le
jugement de ces Messieurs.*

Le combat eut lieu le 21 juillet, et M. de
Saint-Morys succomba.

Maintenant qu'on poursuit en justice M. Dufay, de deux choses l'une, ou MM. les maréchaux de France avaient le droit de décider de
cette affaire, ou ils ne l'avaient pas.

S'ils l'avaient, on ne peut le condamner, puisqu'il s'est battu d'après leur avis;

S'ils ne l'avaient pas, pourquoi l'ont-ils donné?

Madame veuve de Saint-Morys a pris le parti
de son époux avec une chaleur bien louable sans
doute, et bien naturelle; mais je suis trop poli
pour lui dire que, pour se rendre intéressante
et s'attirer la bienveillance du public, elle
aurait dû choisir un tout autre moyen. Ce n'est
point par des vociférations et des injures gros-

sières qu'on se concilie l'intérêt général , et ses mémoires respirent un acharnement dont on ne voit pas d'exemple. On ne peut pas s'imaginer qu'une femme ait pu les diriger ou même les dicter.

Madame de Saint-Morys ignore-t-elle que la douceur et une noble timidité sont les plus beaux apanages de son sexe?

Elle pouvait venger la mémoire de M. de Saint-Morys sans couvrir un adversaire malheureux des couleurs les plus odieuses ; on eût mieux aimé la voir pleurer sur la tombe d'un époux enlevé à son amour, et les ames sensibles auraient pu mêler leurs larmes à celles d'une épouse infortunée ! ! ! . . . .

Dans son mémoire du 10 août 1817 (pag. 17) elle annonce ironiquement au public que M. le colonel Dufay est fils d'un *restaurateur*.

Quand même ce serait vrai, Madame de Saint-Morys ne ferait qu'ajoutér à la gloire de celui qu'elle cherche à perdre dans l'estime de ses concitoyens, puisque c'est prouver que c'est par son mérite et non par sa naissance, que M. Dufay est parvenu à un grade aussi élevé. Elle devrait se souvenir qu'on n'a jamais reproché à *Jean-Bart* d'être le fils d'un pêcheur, ni à *Chevert* d'avoir dû le jour à un corroyeur.

Madame de Saint-Morys croit encore couvrir
d'infamie le colonel Dufay, en proclamant que,
dans les premières campagnes de la révolution, il
a déployé le plus grand courage en combattant
pour la cause de la liberté.

Sans justifier la cause qu'il avait embrassée, qu'il
me soit permis d'observer à Madame de Saint-
Morys et à ceux qui partagent son opinion, que
ce n'est point à des *instrumens passifs* qu'ils
doivent s'en prendre des horreurs qui ont pu dé-
soler la patrie, mais bien aux tyrans sanguinaires
qui se disputaient les lambeaux d'une monarchie
qu'ils venaient d'éteindre; ces ambitieux crimi-
nels voulaient régner, au nom de la liberté, sur
un peuple qui venait de la conquérir.

Mais rendons hommage aux guerriers valeu-
reux qui, repoussant les efforts d'une ligue eu-
ropéenne, n'ont jamais connu d'autres dangers
que ceux qui menaçaient leur patrie! ayons en
vénération ces héros intrépides qui ont porté la
gloire du nom français jusque dans les sables brû-
lans de la Syrie, ont planté leurs drapeaux vic-
torieux sur le palais des Rois, et rappelé au Tibre
étonné qu'il arrosait la patrie des Scipions!!...

L'honneur et la victoire ont déjà gravé leurs
exploits dans le temple de l'Immortalité, et nos
derniers neveux pourront s'enorgueillir un jour

d'être les descendans des soldats français du dix-
neuvième siècle.

Madame de Saint - Morys doit savoir encore
qu'un très-honnête homme peut s'égarer quelque-
fois, et adopter une mauvaise opinion ; mais, quel
que soit le parti qu'il embrasse, s'il se conduit
avec honneur, il est toujours estimable, et ne
peut mériter que la haine de ceux qui n'ont pas
ses vertus.

www.ingramcontent.com/pod-product-compliance
Lightning Source LLC
Chambersburg PA
CBHW070754220326